Créditos de publicación

Dona Herweck Rice, *Jefa de redacción*
Lee Aucoin, *Directora creativa*
Conni Medina, M.A.Ed., *Directora editorial*
Kristy Stark, M.A.Ed., *Editora principal*
Torrey Maloof, *Editora*
Caroline Gasca, M.S.Ed., *Editora educativa asociada*
Kristine Magnien, M.S.Ed., *Editora educativa asociada*
Neri Garcia, *Diseñador principal*
Stephanie Reid, *Investigadora de fotografía*
Rachelle Cracchiolo M.S.Ed., *Editora comercial*

Créditos de imágenes

tapa: Thinkstock; págs. 3, 4, 8, 13, 16, 19, 21, 25, 26, 31, 32, 34, 36, 40 iStockphoto; todas las demás imágenes de Shutterstock.

Teacher Created Materials

5301 Oceanus Drive
Huntington Beach, CA 92649-1030
http://www.tcmpub.com
ISBN 978-1-4333-5336-9
© 2013 Teacher Created Materials, Inc.

Índice

Querida familia:

Su hijo de octavo grado está comenzando otro año importante de transición. En la mayoría de los sistemas escolares, este es el último año antes de la preparatoria, con todas las responsabilidades y desafíos que este período acarrea. Es posible que los cambios producidos en el cerebro de su hijo adolescente y el desarrollo físico que se iniciaron hace algunos años se estén haciendo más lentos... o quizá continúen. También es probable que su hijo adolescente haya tenido que soportar la presión de sus pares.

¡El rol que usted deberá desempeñar este año, además de ser paciente y mantener el sentido del humor (y recordar cómo era ser un flamante adolescente), será el de entrenador de su hijo adolescente, tanto como cualquier otra cosa! Su hijo necesitará una guía amable pero firme mientras se enfrenta a las exigencias cada vez mayores de la escuela y de la vida fuera de la escuela. Sigue siendo fundamental mantener abiertas las líneas de comunicación, para que usted pueda influir en el proceso de toma de decisiones de su hijo adolescente.

Dedique tiempo a conocer cómo se comunican los maestros de su hijo adolescente, para que usted sepa lo que sucede en la escuela. Los boletines informativos y las publicaciones en un sitio de Internet pueden ayudarlo a mantenerse informado anticipadamente. Tiene por delante un año muy atareado, que quizá incluya ese primer baile o la importante graduación. ¡Esperamos que esta guía del padre le brinde algunos consejos útiles para garantizar que este sea un año exitoso!

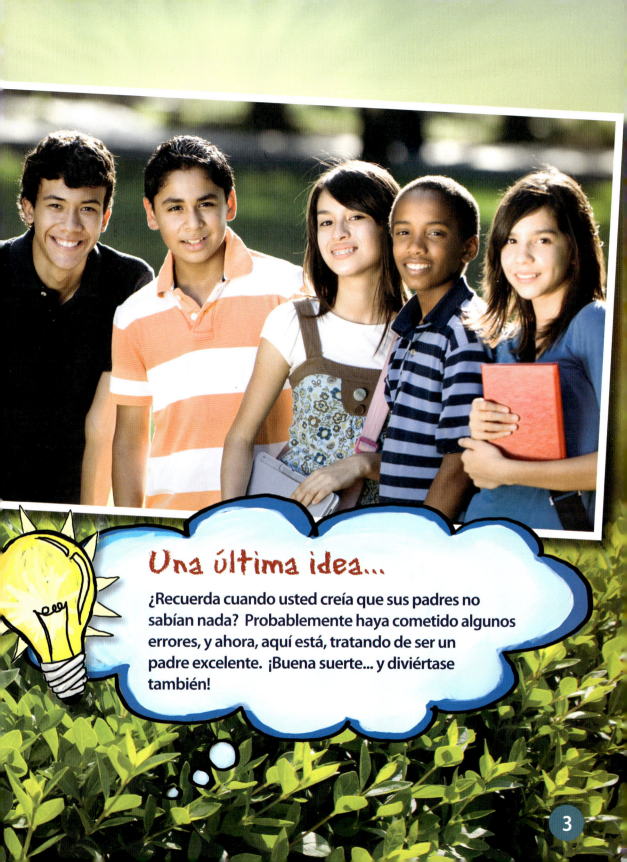

Una última idea...

¿Recuerda cuando usted creía que sus padres no sabían nada? Probablemente haya cometido algunos errores, y ahora, aquí está, tratando de ser un padre excelente. ¡Buena suerte... y diviértase también!

Llamamiento
al orden

Si tiene un adolescente desordenado, deberá llegar a un acuerdo para que el material perdido no complique el transcurso de la semana escolar. Decidir juntos cómo lo lograrán aumentará las posibilidades de que el plan se implemente.

Intente algunas de estas ideas para ayudar a establecer buenos hábitos.

Cajas de entrada y salida

La organización puede ser tan sencilla como colocar canastas o cubos destinados a los libros escolares, la mochila, el equipo deportivo... o las cajas de entrada y salida que todo el mundo usa en una ubicación central.

Notas autoadhesivas

Limite el campo de acción poniendo todos los días los acontecimientos claves en un lugar visible, como por ejemplo el refrigerador. Revíselo antes de que todos se vayan durante el día. Utilice notas autoadhesivas para los cambios o las actualizaciones de último momento.

Sistema de planificación

Comience el año estableciendo sistemas de planificación para todos. Use el calendario escolar para ingresar eventos próximos y agregue elementos habituales, como lecciones y prácticas de deportes. Deje que su hijo adolescente se ocupe de las entradas diarias, pero dedique tiempo a revisar los programas de todos por lo menos una vez por semana.

Horario de limpieza

Adelántese al desorden; tenga un horario fijo en el que todo el mundo sea responsable de limpiar u organizar.

LISTA DE CONTROL
DE PRIMAVERA

☑ Limpieza de ventanas
☐ Jardinería
☐ Limpieza

Una última idea...

Sea un buen modelo para organizar su vida, pero no se frustre si su hijo adolescente no se muestra interesado.

Evitar problemas

con las tareas

Ayude a su estudiante a transitar la secundaria, manteniéndose en contacto con el personal a través del sitio de la escuela en Internet y/o los boletines informativos o las reuniones.

• •

Tenga en cuenta estos consejos para ayudarlo con la tarea.

Manténgase en contacto

Algunos maestros se esfuerzan mucho para que la comunicación sea fácil, por medio de una línea telefónica directa o una parte dedicada del sitio web para las tareas.

Vaya más lento

Dedique tiempo a darle una mano a su hijo adolescente, aunque solo sea para encaminarlo.

Espacio de trabajo

Quizá a su hijo le resulte muy difícil pasar de un escritorio a otro en la escuela y luego sentarse en un escritorio en casa. Cree un espacio cerca de donde usted pueda estar a disposición en caso de que su hijo de octavo grado necesite ayuda adicional.

Elogios

Quizá su hijo adolescente actúe como si no le importara, pero los elogios sinceros se agradecen a cualquier edad: "Se nota que lo pensaste cuidadosamente". "Este va a ser un informe excelente". "Este esfuerzo impresiona a cualquier maestro".

Una última idea...

Una computadora es excelente para realizar investigaciones y encontrar ejemplos de soluciones matemáticas. Asegúrese de controlar los sitios web que su hijo de octavo grado visita, tanto por la precisión de su contenido como para garantizar que sean apropiados para su edad.

Hágase tiempo
para hablar

Entre los teléfonos celulares, los mensajes de texto y el correo electrónico, cada vez existe más cantidad de taquigrafía escrita y verbal. Quizá su hijo adolescente tenga pocas cosas para decirle a usted, pero pasa horas en el teléfono celular hablando con sus amigos.

Estas ideas podrían ayudarlo
a encontrar un poco de tiempo para conversar.

Conversaciones valiosas

Esté alerta a las oportunidades para tener conversaciones serias; demuestre ser un oyente atento y sin prejuicios.

Análisis diario

Incorpore en la rutina diaria un análisis cotidiano de las noticias o los eventos de la comunidad. Pida a los miembros de su familia que lean en voz alta la columna de consejos o una historieta favorita de ese día.

Reunión familiar

Reserve un momento fijo para tener una breve reunión familiar todas las semanas. Deje que cada miembro de la familia saque un tema de conversación, de ser necesario.

Únase a ellos

¡No hay razón para no enviarle mensajes de texto a su hijo adolescente! Comuníquele cualquier cosa, desde actualizaciones de horarios hasta mensajes de aliento.

Una última idea...

Trate de terminar rápidamente con las conversaciones de logística para poder hablar de cuestiones familiares, hacer planes para eventos próximos, o incluso para jugar un juego en familia.

Su hijo
dormilón

¡Su hijo adolescente no cree que el sueño sea importante... hasta que llega el fin de semana! Las investigaciones indican que los adolescentes no pueden evitar querer acostarse tarde y levantarse tarde. Su hijo adolescente necesita alrededor de nueve horas de sueño, y una de esas horas no debería ser la primera hora de clase.

Esto es lo que puede sucederle a un adolescente que no duerme suficiente:

- Problemas de concentración
- Dificultades para resolver problemas
- Problemas de memoria
- Enojo, tristeza o depresión
- Susceptibilidad a enfermedades
- Trastornos alimentarios

Haga de su cuarto un lugar confortable para dormir (p. ej., temperatura, luz, nivel de ruido).

Establezca una rutina que incluya una ducha o baño relajante justo antes de ir a dormir.

Evite el azúcar, la cafeína, la música estimulante, la televisión, los juegos de la computadora y los videos antes de ir a la cama.

Que tenga listas la ropa del día siguiente y la mochila.

Que tenga una libreta junto a la cama para escribir cosas para hacer de último momento. Eso le reducirá el estrés.

Que tome una breve "siesta energética" por la tarde si está verdaderamente cansado. Que no duerma siesta cerca de la hora de acostarse.

Que evite acostarse tarde los fines de semana. Eso puede afectar la calidad del sueño durante la semana.

Una última idea...

Algunos adolescentes tienen trastornos de sueño, como el síndrome de las piernas inquietas. Si su hijo adolescente tiene problemas persistentes, pídale que mantenga un diario de sueño. Si esta práctica no lo ayuda, consulte a un médico.

Divida
las tareas

Los mejores alumnos trabajan para lograr su objetivo todos los días. La preparación es la clave del éxito. Ayude a su hijo adolescente a aprender habilidades y estrategias para rendir exámenes; así estará mejor preparado.

Estos consejos ayudarán a su estudiante con las tareas y los exámenes.

Antes del examen

- Utilice una guía de estudio o resuelva los problemas de muestra.

- Identifique sus áreas débiles. Por lo general pueden encontrarse problemas extras en la parte posterior del libro de texto o en la Internet.

- Lea los problemas difíciles en voz alta más de una vez.

- Trabaje con un compañero.

- Replantee los problemas complicados.

- Convierta un problema con enunciado en una ecuación, un dibujo o un cuadro. Sustituya por números más simples.

- Busque patrones y atajos.

- Verifique su respuesta resolviendo el problema hacia atrás.

- Tome descansos.

Durante el examen

- Lea las instrucciones atentamente. Si no las entiende, dígalas en voz baja.

- Échele un vistazo al examen y haga primero los problemas más fáciles.

- Use el método de prueba y error (adivine y compruebe).

- ¿El examen es de respuesta múltiple? Resuelva el problema hacia atrás utilizando la respuesta más probable.

- Calcule. Si una respuesta parece ilógica, probablemente lo sea.

- Controle el tiempo y siga su propio ritmo.

- Revise su trabajo si le queda tiempo.

Una última idea...

Haga que su hijo de octavo grado prepare exámenes para que usted los haga. El proceso de elaborar un examen—y analizar los errores que usted cometa—le ayudará a meterse en la cabeza de una persona que elabora exámenes.

Las 10

cosas más importantes que su hijo de octavo grado debe saber

1. **Tema o idea central** de un texto y cómo analizar su desarrollo

2. **Significado de palabras y frases** como se utilizan en un texto, incluidos los significados figurativos y connotativos

3. **Proyectos informativos, explicativos, narrativos y de investigación breve**

4. Radicales y **exponentes** enteros

5. **Relaciones proporcionales,** líneas y ecuaciones lineales

6. **Definición, evaluación y comparación de funciones;** uso de funciones para modelar relaciones entre cantidades

7. **Movimiento, fuerzas y estructura** de la materia

8. Desarrollar sus propias preguntas y **realizar investigaciones**

9. Acontecimientos importantes previos a la fundación de la nación y su significado para **el desarrollo de Estados Unidos**

10. **Acontecimientos desde la Constitución hasta la Primera Guerra Mundial,** con énfasis en el papel desempeñado por Estados Unidos en la guerra

¡Sigan leyendo!

Si necesita incentivar a su hijo adolescente a hablar, lean juntos algunos libros. Si hay algún tema difícil sobre el que deba conversar, consulte con su bibliotecario. Una buena novela para adultos jóvenes podría ser la manera de abrir la puerta a la conversación.

Ayude a su hijo adolescente con estos consejos de lectura.

Lectura compartida

Si su hijo está luchando con un libro, consiga una copia y haga una lectura compartida: túrnense para leer capítulos en voz alta y analicen el vocabulario y el argumento. Una lectura ligera puede ayudar a compensar un día difícil.

Lecturas comunitarias

Las lecturas comunitarias, durante las cuales todos leen y analizan la misma novela, se han puesto de moda en muchas ciudades.

Lecturas en familia

Pruebe una lectura en familia; dé a los miembros la posibilidad de elegir el libro. Si tiene un miembro de la familia más joven, elija un libro apropiado para leer en voz alta.

Lectura y escritura

Pida a su hijo adolescente que tome notas, elabore preguntas u observe las palabras difíciles a medida que usted lee en voz alta. Analicen las notas y luego inviertan los roles.

Teatro leído

Busque guiones de teatro leído en la biblioteca o en la Internet y léanlos en familia. Si tiene un escritor en ciernes, pídale que convierta una novela en un guión para que la familia lo lea.

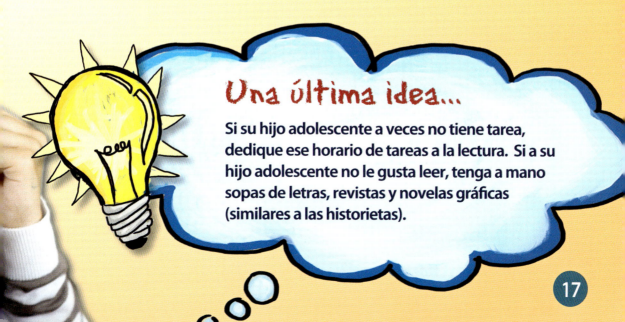

Una última idea...

Si su hijo adolescente a veces no tiene tarea, dedique ese horario de tareas a la lectura. Si a su hijo adolescente no le gusta leer, tenga a mano sopas de letras, revistas y novelas gráficas (similares a las historietas).

Lecturas
adolescentes

No solamente para adolescentes, con estos libros para adultos jóvenes seguramente usted también se hará fanático. ¡Pruebe algunos! Busque otros libros que a usted y a su hijo adolescente les gusten

Estos son algunos libros que debería buscar.

- *The Absolute True Diary of a Part-Time Indian* por Sherman Alexie

- *The Hunger Games* por Suzanne Collins

- *Anne Frank: The Diary of a Young Girl* por Anne Frank

- *The Outsiders* por S.E. Hinton

- *The Giver* por Lois Lowry

- *The Angel Experiment* por James Patterson

- *Where the Red Fern Grows* por Wilson Rawls

- *The Help* por Kathryn Stockett

- *Roll of Thunder, Hear My Cry* por Mildred D. Taylor

Estas son algunas ideas para buscar libros.

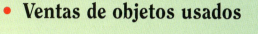

- Ventas de libros en bibliotecas
- Ventas de objetos usados
- Ventas con rebajas en librerías
- Intercambio de libros con vecinos

Una última idea...

¡Luego de leer literatura para adultos jóvenes, lean otros libros escritos por autores que a usted y a su hijo adolescente les gusten!

¡Escriban ahora!

Familiarícese con algunos de estos proyectos de escritura para poder ayudar a su hijo adolescente a prepararse, especialmente porque quizá durante este año escolar deba rendir un examen estatal escrito.

Escritura expositiva o informativa

Comparar y contrastar ensayos

Composiciones explicativas

Escritura narrativa

Ficción breve

Autobiografías

Respuestas a la literatura

Escribir en un cuaderno de bitácora o diario

Escribir respuestas cortas en una guía de libros

Composición persuasiva

Establecer una posición y apoyarla con pruebas

Resumen de materiales de lectura

Escribir la idea principal

Escribir un informe de laboratorio

Tomar notas sobre un capítulo de un libro de texto

Informe de investigación

Formular una pregunta y apoyar la posición tomada, incluyendo documentación a través de notas al pie, referencias y/o una bibliografía

Una última idea...

Muchos exámenes escritos se califican con una rúbrica. Pídale muestras de rúbricas al maestro de su hijo de octavo grado, o busque ejemplos en la Internet. Las rúbricas son fuentes útiles para saber exactamente qué se espera de la persona que rinde el examen.

Más
que palabras

Editar, corregir y revisar son elementos cada vez más importantes del proceso de escritura de este año. Supere el bloqueo del escritor utilizando las siguientes estrategias para ayudar a mejorar las aptitudes de escritura de su hijo adolescente.

Incentive *las siguientes prácticas* para ayudar a mejorar las aptitudes de ortografía y escritura de su hijo.

Cuaderno de ortografía

Pida a su escritor en ciernes que lleve un control de esas palabras con ortografía difícil en un cuaderno. Se ahorrará tiempo durante la etapa de escritura y revisión.

Cuaderno de escritor

Un cuaderno de escritor también puede incluir recordatorios de reglas gramaticales que son fáciles de romper. Por ejemplo, la apóstrofe puede indicar posesión en singular (the dog's bones) y en plural (the dogs' bones). Una apóstrofe puede sustituir las letras eliminadas en una contracción (*it's* por *it is*).

Una última idea...

Es posible que su hijo de octavo grado use la computadora para numerosos proyectos. Tenga en cuenta que los correctores ortográficos y de gramática son útiles, pero que deben supervisarse para garantizar que la corrección sea fiable. ¡No son perfectos!

Exploración de
vocabulario

El examen PSAT, con su énfasis en el vocabulario, está muy próximo. Su hijo adolescente necesita aprender algo más que definiciones; el modo en que las palabras se relacionan o conectan es igualmente importante.

. . . .

Estas son algunas otras ideas para desarrollar el vocabulario.

Analogías

Comprender las analogías de miembro-grupo, como por ejemplo *el pez es al cardumen lo que el alumno es a la clase* es solo una de varias áreas por explorar.

Vocabulario del SAT

Elija una palabra para incorporar a su conversación y desafíe a su hijo adolescente a descifrar cuál es *su* palabra del día. ¡Con el tiempo, vea si su hijo adolescente puede vencerlo!

Oxímoron

Para una mayor diversión con las palabras, busque ejemplos de oxímoron (un par de palabras con significados opuestos), como por ejemplo *vista ciega, silencio atronador, vida muerta.*

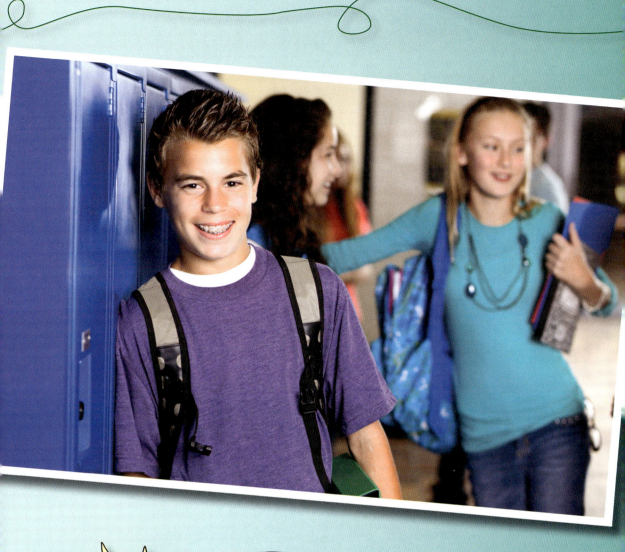

Una última idea...

¡Mejorar las aptitudes de vocabulario también puede contribuir a mejorar la comprensión escrita de su hijo adolescente!

¡Matemáticas no siempre es un problema!

Es posible que usted le tema a la idea de ayudar a su hijo con la tarea de matemáticas. Afortunadamente, puede encontrar mucha ayuda en el libro de texto de su hijo de octavo grado, a través de recursos que el maestro recomiende y buscando ejemplos en la Internet.

Fomente el uso de matemáticas con *estas ideas.*

Sea creativo

Los maestros de matemáticas dicen que abordar un problema con la mente abierta y pensar creativamente ayuda a llegar a la solución. Este consejo funciona especialmente bien si el problema tiene muchos pasos.

Matemáticas cotidianas

Hable sobre las matemáticas y su utilidad, como por ejemplo para calcular el consumo de gasolina o determinar por qué sus facturas de calefacción o de agua son tan altas. Le ayudará a desarrollar aptitudes de administración del dinero que le servirán para toda la vida.

Proyectos de matemáticas = diversión en matemáticas

Inventar, diseñar edificios y ropa, hacer modelos a escala... en todos se utilizan las matemáticas. La mayoría de los juegos de cartas y de computadoras están diseñados utilizando estadísticas, probabilidades y algoritmos. Desafíe a su hijo adolescente a inventar un juego nuevo.

Una última idea...

Si su hijo es un matemático reacio, podrían comenzar juntos un pasatiempo en el que se utilicen las matemáticas, como por ejemplo geoescondite, diseñar aviones de papel complicados, hacer acolchados, crear modelos de barcos o aviones, etc.

Método
PEIÚ

1. Use el método PEIÚ para multiplicar los términos dentro de los paréntesis en un orden específico: primero, externo, interno, último.

$$(3X + 4)(X + 2)$$

2. **P**rimero: multiplique el primer término de cada conjunto de paréntesis.

$$(3X + 4)(X + 2) \longrightarrow 3X(X) = 3X^2$$

3. **E**xterno: multiplique los dos términos de la parte externa.

$$(3X + 4)(X + 2) \longrightarrow 3X(2) = 6X$$

4. **I**nterno: multiplique ambos términos internos.

$$(3X + 4)(X + 2) \longrightarrow 4(X) = 4X$$

5. **Ú**ltimo: multiplique el último término de cada conjunto de paréntesis.

$$(3X + 4)(X + 2) \longrightarrow 4(2) = 8$$

6. Sume todo.

$$3X^2 + 6X + 4X + 8 \longrightarrow 3X^2 + 10X + 8$$

P E I Ú

Inmersión
en ciencias

La ciencia de octavo grado incluye un énfasis en las ciencias físicas, la ciencia de la Tierra y la química de las ciencias de la vida. Cada vez se hace más importante memorizar los términos y símbolos.

Use *estas ideas* para ayudar a fomentar una mayor comprensión de la ciencia en su hijo adolescente.

Clases de ciencia

Mantenga el interés de su hijo adolescente por la ciencia a través de clases universitarias de fin de semana o campamentos de verano concentrados en ciencia o tecnología.

Programas de ciencia

Busque en los museos locales programas de ciencia, o pida la colaboración de un amigo científico que ayude a su hijo adolescente a aprender sobre un tema de interés.

Ayuda en línea

Si no vive cerca de una universidad o de un museo, consulte si hay clases en línea o visite www.sciencebuddies.org para buscar más información.

Una última idea...

En una clase de ciencia se espera que se adquiera una cantidad enorme de vocabulario. Refuerce las palabras jugando algunos de los juegos de vocabulario comunes, como concentración, mezcla de palabras y el ahorcado.

Cambios
en nuestro país

Los niños de octavo grado se concentrarán en la historia de Estados Unidos. Desde los días de la fundación hasta los desafíos actuales, los alumnos exploran el significado de los períodos claves, los líderes importantes y las contribuciones de otras culturas.

Intente alguna de estas actividades

para fomentar el interés de su hijo por la historia.

Viaje al pasado

Planifique un viaje al pasado. Decida qué período desea visitar y explore la comida, la vestimenta, la economía, la política y los pasatiempos.

Cocina

Cocine platos de diferentes zonas de Estados Unidos, comenzando con los alimentos de su región.

Festivales

Asista a festivales locales que celebran acontecimientos claves, donde se hacen recreaciones o que honran las contribuciones de otras culturas a los Estados Unidos.

Museos virtuales

Visite los sitios web de museos famosos o de monumentos históricos de distintas ciudades y regiones. ¡En algunos museos es posible realizar visitas sin siquiera pisarlos!

Una última idea...

Ahondar en un acontecimiento importante, como por ejemplo la Guerra Civil, puede generar un interés por nuestra historia para toda la vida.

Acción
después de la escuela

Su hijo adolescente necesita un descanso de la rutina para poder abordar las tareas. Sin embargo, el descanso también debería ser productivo.

Intente algunas de estas sugerencias con su hijo adolescente.

Trabajo después de la escuela

En muy poco tiempo, su hijo adolescente tendrá edad suficiente para trabajar en un ámbito público. Este es el momento de desarrollar algunas aptitudes vendibles, ofreciendo servicios a vecinos de confianza: trabajos de jardín, retiro de nieve, cuidado de mascotas, riego de plantas, etc.

Trabajo voluntario

Haga que su hijo adolescente desarrolle aptitudes de conciencia comunitaria haciendo trabajo voluntario con vecinos, como por ejemplo cuidado de niños, tutoría a alumnos más jóvenes o trabajo voluntario en un centro de personas mayores.

Grupo de estudio

Si su hijo adolescente no forma parte de un club después de la escuela, hágalo participar de un grupo de estudio en la biblioteca o en la escuela. ¡Su hijo podría hacerse nuevos amigos!

Actividades en el vecindario

Piense en organizar su propia actividad vecinal, turnándose con otros padres para entrenar o supervisar.

Una última idea...

Si su hijo adolescente participa de un deporte o de un club, asegúrese de asistir a los eventos especiales.

Que siga
la diversión

Siga divirtiéndose con su hijo adolescente e incentívelo a hacer nuevos amigos. La actividad social es muy importante a esta edad. Permítale que explore nuevas amistades, pero no lo pierda de vista.

Piense en intentar algunas de estas ideas divertidas con su hijo adolescente.

Hora de películas

Miren juntos películas que interesen a su hijo adolescente.

Hora de televisión

Tenga el televisor en un lugar central y acompañe a su hijo adolescente mientras mira televisión, aunque la música o los animadores no sean de su agrado.

Deportes

Aprenda un deporte nuevo o vuelva a practicar uno favorito. Invite a los amigos de su hijo adolescente.

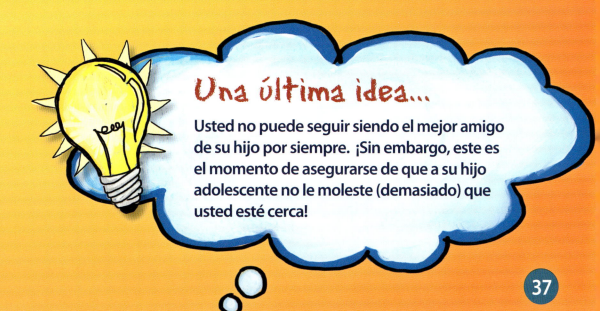

Una última idea...

Usted no puede seguir siendo el mejor amigo de su hijo por siempre. ¡Sin embargo, este es el momento de asegurarse de que a su hijo adolescente no le moleste (demasiado) que usted esté cerca!

Consejos

de viaje

Vale la pena leer algunas "páginas de viaje", aunque solo vayan a redescubrir su comunidad o visitar a los primos. Pida a su hijo adolescente que le ayude a planificar un viaje real o virtual, desde armar el presupuesto hasta encontrar distintas actividades para hacer en familia.

Hágalo más productivo
con algunos de estos consejos.

Amortiguador de velocidad adelante

Analicen el último viaje: ¿qué salió bien? ¿Qué salió mal? Luego, hagan planes para que salga mejor.

Itinerario

Pida a cada miembro de la familia que planifique un día entero o una serie de días: paradas para comer, entretenimientos, etcétera. Grabe el programa de antemano para que no haya sorpresas.

Viajes temáticos

Elija un tema para el viaje, como por ejemplo buscar los mejores parques acuáticos, hamburgueserías, vida silvestre o estadios de béisbol.

Siga activo

Programe tiempo para una actividad nueva o favorita.

Juegos

Pida a cada miembro de la familia que se encargue de planificar juegos para el auto y juegos de mesa o de cartas para días lluviosos.

Digan *Cheese*

Invierta en una cámara digital y dele a su hijo adolescente la responsabilidad de documentar el viaje y hacer un álbum de recortes.

Una última idea...

Viajar es una manera excelente de educar a su hijo. ¡Será una experiencia inestimable que su hijo nunca olvidará!

Querido padre:

Abraham Lincoln dijo en cierta oportunidad: "Lo mejor del futuro es que viene un día por vez". Es algo bueno para recordar durante este atareado año con su hijo de octavo grado. Habrá más desafíos mientras usted guía a su adolescente para que atraviese todas esas tentaciones y riesgos del mundo. Sin embargo, su hijo adolescente estará tomando clases interesantes y abordando todo tipo de proyectos de los que será divertido conversar. Por eso, disfrute usted también.

Además, observar a su hijo adolescente mientras avanza hacia su futuro de adulto joven tiene grandes recompensas. Disfrute del viaje, y si golpea algún amortiguador de velocidad, recuerde que los maestros y consejeros de su hijo adolescente están preparados para ofrecer su apoyo. ¡Que tenga un año excelente!

¡Gracias!